Elisabeth Bangert

Odenwälder Küche

Authentisch, einfach und schmackhaft

EDITION XXL

Inhalt

Vorwort

Denkt man an den Odenwald, fallen einem wohl zuerst die herrlichen Landschaften und die sagenumwobenen Orte ein. In der Mitte Deutschlands gelegen, ist die waldreiche Region nicht nur ein Erholungsgebiet für Naturliebhaber, Wanderer und Radfahrer, sondern hat seinen Besuchern auch kulinarisch einiges zu bieten!

Da sich der Odenwald über gleich drei Bundesländer erstreckt, können sich die traditionell überlieferten Rezepte von Gegend zu Gegend teilweise stark unterscheiden – doch sie haben alle eines gemeinsam: Sie sind bodenständig, preiswert und dabei trotzdem unglaublich lecker.

Im hessischen Odenwald zählen neben Kochkäse und Handkäse mit Musik vor allem verschiedene Suppen, zu denen man ganz klassisch Riwwelkuche, Ebbelkuche oder Zwiwwelkuche isst, zu den typischen Spezialitäten. Zu den Mahlzeiten trinkt man gerne fruchtigen Apfelsaft oder frisch gekelterten Apfelwein.

Welche Besonderheiten der hessische Odenwald, der zwischen Darmstadt, Dieburg und der Bergstraße liegt, sonst noch bereithält, können Sie in diesem Buch erfahren. Im Ratgeber können Sie sich nicht nur über die Region und die wichtigsten Zutaten der Odenwälder Küche informieren, Sie können sich auch mit der regionalen Mundart vertraut machen.

Begeben Sie sich auf eine kulinarische Reise in den Odenwald und lassen Sie sich von den originellen und traditionellen Rezepten inspirieren!

Gutes Gelingen wünscht Ihnen

Elisabeth Bangert

Ratgeber

Wenn man sich mit der Odenwälder Küche beschäftigt, kommt man nicht daran vorbei, sich auch mit der Region selbst zu befassen. Die kulinarischen Besonderheiten haben sich nämlich unter anderem aus den geografischen Gegebenheiten entwickelt. Anders als die Menschen in den Städten mussten sich die Bewohner der abgelegenen Odenwalddörfer nämlich selbst mit Lebensmitteln versorgen, weshalb die typischen Odenwälder Spezialitäten größtenteils aus regionalen und saisonalen Zutaten bestehen.

Da die ländliche Bevölkerung früher oft trotz ihrer harten Arbeit von Armut betroffen war, waren die Rezepte zudem meist relativ einfach und preiswert, aber dennoch unglaublich schmackhaft. Obst und Gemüse aus dem eigenen Garten, der sorgsam gepflegt wurde, stand auf dem Speiseplan meist an oberster Stelle.

Bis heute sind die Liebe zur Natur und zur Heimat ein essenzieller Bestandteil der Odenwälder Mentalität. Wie stolz die Odenwälder auf ihre regionale Landwirtschaft sind, spiegelt sich auch in den zahlreichen Veranstaltungen und Festen wider, die verschiedenen Lebensmitteln, wie Kartoffeln, Grünkern und Co., gewidmet sind.

Streuobstwiesen sind eine umweltfreundliche Form des Obstanbaus und ein wertvoller Lebensraum für Flora und Fauna.

Geprägt wird der Odenwald durch seine sanft-hügelige Landschaft, die von bewaldeten Bergkuppen überragt wird.

Was ist der Odenwald?

In der Mitte Deutschlands gelegen, erstreckt sich der Odenwald auf einer Fläche von rund 2500 km² über gleich drei Bundesländer: Hessen, Baden-Württemberg und Bayern. Geprägt ist die abwechslungsreiche Mittelgebirgslandschaft von Streuobstwiesen, Wäldern, alten Hofgütern, Burgen und Schlössern und wird von vielen als das liebenswerteste Mittelgebirge Deutschlands bezeichnet.

Weit über die Grenzen des Odenwalds hinaus, auf einer Fläche von 3800 km², erstreckt sich der 2015 von der UNESCO ausgezeichnete Geo-Naturpark Bergstraße-Odenwald, der mit einer geschichtsträchtigen und einzigartigen Landschaft aufwartet. Mit zahlreichen Wanderwegen und einer interessanten Mischung aus unberührter Natur, beeindruckender Kultur und einzigartigem Genuss in den vielen Landgasthäusern bietet er seinen Besuchern vielfältige Möglichkeiten zum Erholen und Entspannen.

Gegründet wurde der Naturpark im Jahr 1960 als einer der ersten Naturparke in Deutschland. Im Vordergrund stand dabei unter anderem der Schutz und Erhalt der vielfältigen Kulturlandschaft, die neben der Haltung von Weidevieh vor allem auch durch die Streuobstwiesen geprägt ist.

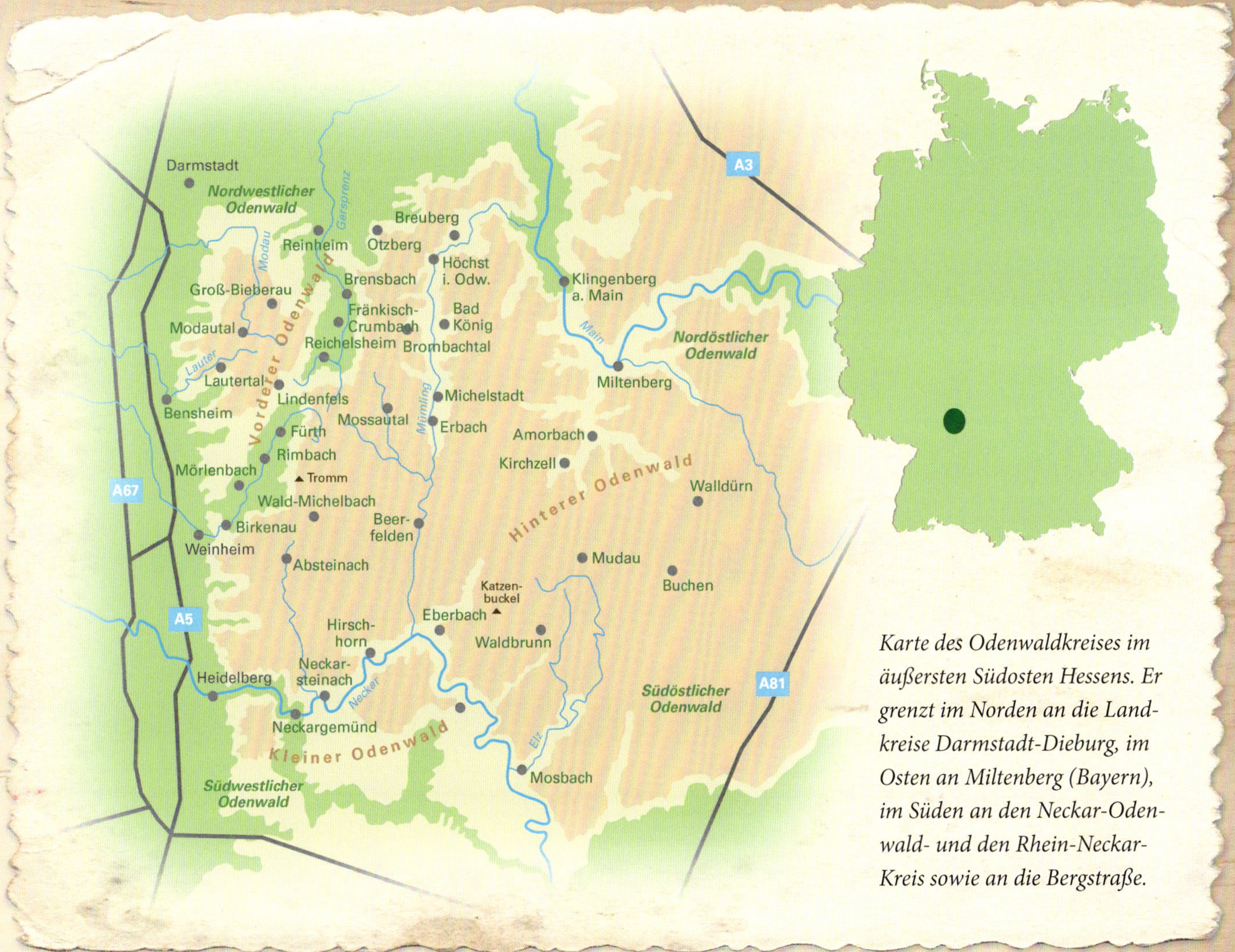

Karte des Odenwaldkreises im äußersten Südosten Hessens. Er grenzt im Norden an die Landkreise Darmstadt-Dieburg, im Osten an Miltenberg (Bayern), im Süden an den Neckar-Odenwald- und den Rhein-Neckar-Kreis sowie an die Bergstraße.

Streuobstwiesen sind nicht nur eine traditionelle Form des Obstanbaus, sondern auch eine ökologische Besonderheit. Auf den naturbelassenen Wiesen wachsen unterschiedliche hochstämmige Obstbäume und verschiedene Sträucher und bilden ein einzigartiges Ökosystem mit einem großen Artenreichtum.

Doch nicht nur die Flora und Fauna ist äußerst vielfältig, auch die Mundart, die Kultur und die Küche unterscheiden sich teilweise von Ort zu Ort. Anders als es vermuten lässt, ist der Odenwald nämlich kein „großes Dorf“, sondern besteht aus vielen eigenständigen und selbstbewussten Ortschaften, die teilweise über Jahrhunderte hinweg ihren eigenen Charakter entwickelt haben. Das trifft auch auf den hessischen Odenwald zu, dessen kulinarische Traditionen Sie in diesem Buch kennenlernen können.

Handkäse ist eine beliebte Zutat in vielen Odenwälder Spezialitäten.

Was zeichnet die Odenwälder Küche aus?

Wie in allen ländlichen Gegenden standen früher auch im Odenwald vor allem saisonale, regionale und preiswerte Zutaten auf dem Speiseplan. Neben Brot und Mehlspeisen bildeten vor allem Gerichte mit Gemüse und Obst aus eigenem Anbau die Grundlagen der Mahlzeit. Fleisch wurde oftmals nur zu besonderen Anlässen aufgetischt. Die wichtigsten Zutaten haben wir im Folgenden für Sie zusammengestellt.

Kartoffeln

Die Kartoffel zählt seit jeher zu den beliebtesten Zutaten der Heimatküche. Das liegt zum einen daran, dass sie sättigend ist und sich gut lagern lässt und zum anderen an ihren vielfältigen Verwendungsmöglichkeiten. Bratkartoffeln, Pellkartoffeln oder Kartoffelpuffer – die Möglichkeiten scheinen schier unendlich. Was man aus den regional angebauten Kartoffeln alles zaubern kann, beweisen auch zahlreiche Gastronomiebetriebe im Odenwald jedes Jahr im September. Dann finden dort traditionell die Odenwälder Kartoffelwochen statt.

Ob als Kartoffelsalat, Klöße, Kartoffelpüree, Puffer oder Pellkartoffeln – Kartoffeln gehören zur ländlichen Mahlzeit einfach dazu.

Äpfel, Zwetschgen, Birnen und Co.

Sowohl in süßen als auch in herzhaften Gerichten werden die heimischen Obstsorten verwendet, sei es als Kompott zu Kartoffelgerichten oder in Süßspeisen und Kuchen. Vor allem der Apfel ist Bestandteil vieler Rezepte und wird auch zu verschiedenen Getränken weiterverarbeitet. Auf vielen Bauernhöfen und auch in einigen Haushalten werden die Früchte bis heute mit einer Apfelpresse frisch gepresst. Aus den Äpfeln der Odenwälder Streuobstwiesen wird aber nicht nur Saft, sondern auch Wein gekeltert. Mit seinem leicht säuerlichen Geschmack ist er nicht nur ein erfrischender Genuss im Sommer, sondern verleiht auch Speisen ein besonderes Aroma und wird daher gerne zum Kochen verwendet. Bei Menschen, die Apfelwein nicht gewohnt sind, kann ein übermäßiger Genuss – ähnlich wie bei naturtrübem Apfelsaft – eine „durchschlagende Wirkung" haben.

Apfelwein wird traditionell in Krügen aus Steinzeug, den sogenannten Bembeln, serviert.

Rettich, Kohl und Rüben

Neben verschiedenen Wurzelgemüsesorten, wie Kohlrabi oder Meerrettich, der gerne zu Fisch und Fleisch serviert wurde, ist vor allem Rot- und Weißkohl ein wichtiger Bestandteil der Odenwälder Küche. Das Kraut wurde frisch verarbeitet oder als Sauerkraut eingelegt. Vor allem im Winter war letzteres ein wichtiger Vitamin-C-Lieferant und dementsprechend kam es relativ oft auf den Tisch.

Getreide und Hülsenfrüchte

Bevor die Kartoffel gegen Ende des 17. Jahrhunderts den Odenwald eroberte, standen neben Gemüse aus dem Garten vor allem Getreide und Hülsenfrüchte auf dem Speiseplan. Hülsenfrüchte wie Erbsen, Linsen und Bohnen schmecken nicht nur lecker, sondern enthalten viel Eiweiß und Ballaststoffe.

Im Odenwald angebaut wurden unter anderem Gerste, Dinkel, Hafer, Hirse, Buchweizen und Weizen. Als eine der ältesten Kulturpflanzen gilt die Gerste, aus denen auch die Graupen gemacht werden. Die polierten und geschälten Graupenkörner sind eine beliebte und sättigende Einlage für Suppen und Eintöpfe. Bekannt ist der Odenwald auch für seinen Grünkern, halb reif geernteter Dinkel, der geröstet und getrocknet wird. Dieser ist Bestandteil vieler bekannter Gerichte.

Fleisch und Fisch

Im Odenwald gibt es zahlreiche Teiche, aber auch in klaren Bächen wachsen Forellen und Saiblinge heran, die man zu schmackhaften Fischgerichten verarbeiten kann. Auch Fleisch wird im Odenwald in vielen herzhaften Gerichten verwendet – ob als geräucherter Speck im Sauerkraut oder als saftiger Braten. Neben den heimischen Wäldern, in denen das Wildfleisch noch selbst gejagt wird, besitzt der Odenwald zudem saftige Wiesen, die sich hervorragend für die Schafzucht eignen. Lammfleisch aus dem Odenwald hat einen ganz besonderen Geschmack, wovon sich Besucher der Region vor allem während der jährlich stattfindenden Lammwochen, an denen sich zahlreiche Gastronomiebetriebe beteiligen, selbst überzeugen können.

Odenwälder Mundart

Im Odenwald spricht man eine besondere Sprache, und zwar Odenwälderisch – oder „Ourewellerisch", wie es die Einheimischen nennen. Wie bei vielen Mundarten können einzelne Worte und Redensarten schon in einer Entfernung von wenigen Kilometern stark voneinander abweichen. Nachfolgend können Sie sich mit ein paar grundlegenden Begriffen vertraut machen:

Alla, mä gäjn jetz = Also, wir gehen jetzt.

Bembel = krugartiges Gefäß für Apfelwein
Buggel = Rücken, Berg / Anhöhe

Dabbes = ungeschickte Person
Därrabbel = sehr schlanker Mensch
Deez = Kopf
Dubbe hou = Nicht ganz richtig im Kopf sein

Ei guude, wie? = Guten Tag, wie geht's?

Gaaß = Ziege
Gass = Straße
Gewirreroos = gastige Frau
Goode = Patentante

Raffel, Gosch = Mund
Griffel = Finger

Jammärlabbe = wehleidiger Mensch
Jochd hou = einen Streit mit jemandem haben

Krawallschachdel = weiblicher Unruhestifter

Labbeduddel = Schwächling
Lewwerworschd = Leberwurst

Migge = Mücken
Molwert = Maulwurf
Muffesause = Angst

Ouweroue = Ofenrohre
Owend = Abend

Peddern = Patenonkel

Sauwerre = schlechtes Wetter
Schnorres = Schnauzbart
Schnuud = Mund

Urumbel = tollpatschiger Mensch

Wadz = unreinliche, dreckige Person

Linsesubb mit geräisdedem Bauernbrod

„Linsensuppe mit geröstetem Bauernbrot"

Die überwiegend aus Südamerika stammenden Linsen werden auch im Odenwald angebaut. Ein alter Brauch besagt, je mehr Linsensuppe man in der Silvesternacht verspeist, desto großer wird der Geldsegen im neuen Jahr sein. Woher dieser Brauch stammt, ist unbekannt.

Zutaten *für 6 Personen:*
500 g braune Linsen
1 Bund Suppengrün
2 Kartoffeln
250 g Dörrfleisch oder Schinkenspeck
1 Gemüsezwiebel
1 l Rindfleischbrühe
6 Scheiben Bauernbrot
etwas Essig
einige Stängel Petersilie
Salz, Pfeffer

Zubereitung:

1. Am Vortag die Linsen waschen und in ½ Liter Wasser einweichen.

2. Das Suppengrün putzen, waschen und klein schneiden. Die Kartoffeln waschen, schälen und ebenfalls in kleine Stücke schneiden. Das Dörrfleisch würfeln. Die Zwiebel abziehen und ebenfalls würfeln.

3. Das Suppengrün, die Kartoffeln, die Dörrfleischwürfel und die Zwiebeln zusammen mit der Fleischbrühe zu den eingeweichten Linsen geben. Die Suppe erhitzen und ca. 45 Minuten kochen, bis die Linsen weich, aber noch bissfest sind.

4. Die Brotscheiben rösten. Die fertige Suppe mit Essig, Salz und Pfeffer abschmecken.

5. Die Petersilie waschen, trocken schütteln und klein schneiden. Die Suppe vor dem Servieren noch mit der Petersilie bestreuen und zusammen mit den Brotscheiben servieren.

Tipp: Zusätzlich pro Person 1–2 Frankfurter Würstchen in der Suppe erhitzen (Vorsicht: nicht kochen lassen, sonst platzen die Würstchen auf!). Besonders würzig und herzhaft wird die Linsensuppe, wenn Sie kurz vor dem Servieren noch 100 g fein gehacktes Sauerkraut untermischen.

Linsensuppe mit geröstetem Bauernbrot

Griekernsubb

„Grünkernsuppe"

Grünkern ist unreif geernteter, aber Holz getrockneter Dinkel. Nach einer Überlieferung soll dieser durch Zufall entdeckt worden sein: Als im Jahr 1817 die Hungersnot drohte, dörrten die Bauern den halbreifen Dinkel im Backhaus und erhielten so eine Suppeneinlage.

Zubereitung:

1. Das Rindfleisch kalt abwaschen, in einen großen Topf mit etwa 4 Liter kaltem Wasser legen und zum Kochen bringen. Etwa 1 ½ Stunden bei mäßiger Hitze köcheln lassen.

2. Die Zwiebeln abziehen und in feine Würfel schneiden. Das Dörrfleisch ebenfalls in feine Würfel schneiden.

3. In einem weiteren Topf 2 Esslöffel Öl erhitzen und das klein gewürfelte Dörrfleisch darin kross anbraten. Die Zwiebelwürfel dazugeben und das Ganze unter ständigem Rühren kurz weiterbraten.

4. Den Grünkernschrot über einem Haarsieb kurz abspülen, gut abtropfen lassen und zu dem Dörrfleisch geben. Unter ständigem Rühren das Ganze ca. 5 Minuten anrösten. Vorsicht, die Masse brennt leicht an!

5. Mit der Fleischbrühe ablöschen, die klare Suppe einrühren und das Ganze ca. 30 Minuten köcheln lassen. Das Rindfleisch anderweitig verwenden, evtl. für einen Rindfleischsalat.

6. Den Schnittlauch waschen, trocken schütteln und in kleine Röllchen schneiden. Die Petersilie waschen, trocken schütteln und fein schneiden, dabei die Stängel wegschneiden.

7. Kurz vor dem Servieren die Kräuter in die Suppe einrühren. Mit Salz, Pfeffer und Muskatnuss abschmecken.

Zutaten *für 8 Personen:*

1 ½ kg Rindfleisch zum Kochen
3 Zwiebeln
300 g Dörrfleisch
2 EL Pflanzenöl
250 g Grünkernschrot
2 EL klare Suppe mit Suppengrün
1 Bund Schnittlauch
½ Bund Petersilie
geriebene Muskatnuss
Salz, Pfeffer

Erbseeudopf

„Erbseneintopf"

Der Erbseneintopf schmeckt noch viel besser, wenn Sie ihn einen Tag im Voraus kochen. Eintöpfe sind generell aromatischer, wenn sie einen Tag durchgezogen sind.

Zutaten *für 4 Personen:*

350 g getrocknete grüne Erbsen
1 Bund Suppengrün
100 g durchwachsener Speck
1 EL Pflanzenöl
1 Lorbeerblatt
½ TL getrockneter Majoran
300 g Kartoffeln
4 Würstchen (z. B. Wiener)
Salz, Pfeffer

Zubereitung:

1. Die Erbsen in kaltem Wasser über Nacht einweichen. In ein Sieb abgießen, dabei 1 Liter Einweichwasser auffangen. Das Suppengrün putzen, waschen und klein schneiden. Den Speck fein würfeln und mit dem Öl in einem großen Topf anbraten. Das Suppengrün dazugeben und einige Minuten mit andünsten.

2. Den Lorbeer, den Majoran, die Erbsen, das Einweichwasser und 250 ml Wasser dazugeben. Kurz aufkochen und bei mittlerer Hitze ca. 1 Stunde weich kochen. Die Kartoffeln schälen, klein würfeln, nach 30 Minuten zum Eintopf geben und fertiggaren. Mit Majoran, Salz und Pfeffer würzen.

3. Die Würstchen kurz im Eintopf erwärmen, herausnehmen und klein schneiden. Das Lorbeerblatt entfernen und den Eintopf mit den Würstchen servieren.

Graubesubb

„Graupensuppe“

Im Odenwald werden Sommer- und Wintergerste angebaut. Erstere dient vorwiegend zum Bierbrauen, letztere vorwiegend als Viehfutter. Gerstengraupen wurden früher gerne als Einlage in Suppen und Eintöpfen verwendet.

Zutaten *für 4–6 Personen:*

150 g Perlgraupen
1 Zwiebel
250 g Karotten
250 g Staudensellerie
500 g Rindfleisch
1 EL Pflanzenöl
1 l Gemüsebrühe
frisch gehackte Petersilie
Salz, Pfeffer

Zubereitung:

1. Die Graupen in kaltem Wasser über Nacht einweichen. Die Zwiebel abziehen und würfeln. Die Karotten schälen und würfeln. Den Sellerie putzen, waschen und klein schneiden. Das Fleisch in mundgerechte Stücke schneiden.

2. Die Zwiebel-, Gemüse- und Fleischwürfel in dem erhitzten Öl andünsten. Die Graupen abgießen, salzen und pfeffern.

3. Die Graupen und die Brühe hinzufügen und alles etwa 25–30 Minuten kochen lassen, bis die Graupen weich und das Fleisch gar sind. Erneut abschmecken und mit Petersilie bestreut servieren.

Kaddoffelsubb

„Kartoffelsuppe“

Kartoffeln waren im Odenwald schon immer ein Grundnahrungsmittel. Bei den „Odenwalder Kartoffelwochen“ bieten viele Gasthäuser besondere Kartoffelspezialitäten an.

Zubereitung:

1. Die Kartoffeln waschen, schälen und in Stücke schneiden. Die Zwiebel abziehen und fein hacken.

2. Die Sellerieknolle schälen und in Würfel schneiden. Das Selleriegrün waschen und klein schneiden. Die Karotten schälen, der Länge nach in Scheiben und dann in Streifen schneiden. Den Speck würfeln.

3. Das Öl in einem großen Topf erhitzen und die Speckwürfel darin anbraten. Die Zwiebel-, Sellerie-, Karotten- und Kartoffelstücke dazugeben und andünsten.

4. Mit der Brühe aufgießen und ca. 20 Minuten köcheln lassen. Mit Muskat, Salz und Pfeffer abschmecken und mit dem Selleriegrün servieren.

Tipp: Eine Alternative zur stückigen Kartoffelsuppe ist die Kartoffelcremesuppe: Pürieren Sie hierfür die fertige Suppe oder zerdrücken Sie das Gemüse mit einem Kartoffelstampfer. Rühren Sie einen Becher süße Sahne unter und servieren Sie die Suppe nach Belieben mit gerösteten Brotwürfeln.

Zutaten *für 4 Personen:*

800 g Kartoffeln
1 Zwiebel
1 kleine Sellerieknolle mit Grün
4 Karotten
200 g Speck
2 EL Pflanzenöl
1 l Fleisch- oder Gemüsebrühe
Muskat
Salz und Pfeffer

Quer dorsch de Gaade

„Quer durch den Garten"

Dieser Gemüseeintopf wurde früher oft zubereitet, da in Haus, Hof und Garten viel zu tun war und man während des Kochens noch andere Arbeiten erledigen konnte. In den Topf kommt alles, was saisonal gerade im Garten wächst. Die Grundlage ist immer eine kräftige Fleischbrühe.

Zutaten *für 4 Personen:*

200 g Kartoffeln
600 g Gartengemüse (z. B. Erbsen, Bohnen, Karotten, Kohlrabi, …)
1 kleine Sellerieknolle
1 Zwiebel
200 g geräucherter Bauchspeck
1 EL Pflanzenöl
1 l Gemüsebrühe
1 Lorbeerblatt
1 Zweig Liebstöckel
2 Pimentkörner
4 Bockwürste
1 Bund Petersilie, gehackt
geriebene Muskatnuss
Salz, Pfeffer

Zubereitung:

1. Die Kartoffeln, das Gemüse und den Sellerie waschen, putzen, schälen und würfeln. Die Zwiebel abziehen und würfeln. Den Bauchspeck in mundgerechte Stücke schneiden.

2. Das Öl in einem großen Topf erhitzen und den Speck darin anbraten. Das gewürfelte Gartengemüse hinzugeben und mit der Brühe auffüllen.

3. Das Lorbeerblatt, den Liebstöckel und die Pimentkörner in ein Teesieb geben und in den Topf geben. Zugedeckt bei niedriger Hitze 30–35 Minuten köcheln lassen.

4. Das Teesieb wieder herausnehmen und den Eintopf mit Salz, Pfeffer und Muskat abschmecken.

5. Die Bockwürste in Scheiben schneiden und 5–10 Minuten vor Garzeitende in den Topf geben. Den Eintopf mit Petersilie garniert servieren.

Früher wurden viele Gemüsesorten im eigenen Garten hinter dem Haus angepflanzt. War das Gemüse reif, wurde es geerntet und direkt in Suppen oder Eintöpfen verarbeitet.

Zutaten *für 2 Personen:*

500 g gekochte festkochende Kartoffeln vom Vortag
1 Zwiebel
250 g Speckwürfel
2–3 EL Pflanzenöl
200 g Handkäse
einige Stängel Petersilie

Mischdhaufe mit Handkees

„Misthaufen mit Handkäse"

Auch wenn der Name anderes vermuten lässt, ist dieses Gericht unglaublich lecker! Die Bezeichnung kommt daher, dass die Zutaten einfach angebraten und dann als Haufen angerichtet überbacken werden.

Zubereitung:

1. Die Kartoffeln vom Vortag in Scheiben schneiden. Die Zwiebel abziehen und ebenfalls in Scheiben schneiden.

2. Den Backofen auf 200 °C (Umluft 180 °C) vorheizen. Die Kartoffeln mit den Speckwürfeln in einer Pfanne anbraten. Die Zwiebelscheiben in dem erhitzten Öl in einer weiteren Pfanne anrösten.

3. Die Hälfte der Zwiebeln zu den Kartoffeln geben und in einer kleinen Auflaufform anrichten. Den Handkäse in Scheiben schneiden und über den Auflauf geben. Im vorgeheizten Backofen ca. 10 Minuten überbacken.

4. Die Petersilie waschen, trocken schütteln und klein schneiden. Den Auflauf mit den restlichen Zwiebeln und der Petersilie garnieren und servieren.

Zutaten *für 4 Personen:*

Für die Rinderbacken:
1–2 Rinderbacken (ca. 1 kg)
3 TL Salz
1 Bund Suppengrün (ca. 500 g)
1 Zwiebel

Für den Salat:
1 kleine Salatgurke
1 gelbe Paprika
1 Zwiebel
2 Tomaten
12 Blätter Kopfsalat
1 Lauchzwiebel
6 EL Essig
4 EL Pflanzenöl
1 TL Zucker
Salz, Pfeffer

Rinderbagge-Saload

„Rinderbacken-Salat"

Rinderbacken kann man nicht nur warm genießen, man kann daraus auch einen leckeren und deftigen Wurstsalat machen. Dazu schmeckt besonders gut frisches Odenwalder Bauernbrot.

Zubereitung:

1. Die Rinderbacken in einem großen Topf mit ca. 3 Liter kaltem Wasser und dem Salz ohne Deckel zum Kochen bringen. Den Schaum abschöpfen.

2. Das Suppengrün putzen, schälen, waschen, klein schneiden und zu den Rinderbacken geben. Die Zwiebel halbieren und in einer kleinen Pfanne auf beiden Schnittseiten leicht anrösten. Anschließend zu den Rinderbacken geben. Je nach Größe 2 ½–3 Stunden köcheln lassen.

3. Die Rinderbacken auf ein Sieb geben und kalt werden lassen.

4. In Scheiben schneiden und anschließend in Streifen. Dabei kann man die für die Rinderbacken typische Sülzschicht, wenn man diese nicht mag, wegschneiden.

5. Die Gurke waschen und in feine Streifen schneiden. Die Paprika waschen, die Kerne und die weißen Wände entfernen und in Streifen schneiden. Die Zwiebel abziehen und in Streifen schneiden. Die Tomaten waschen, den Stielansatz entfernen und in Streifen schneiden. Alles mit dem Fleisch vermengen und mit Essig, Öl, Salz, Pfeffer und etwas Zucker abschmecken.

6. Den Kopfsalat waschen und trocken schütteln. Die Lauchzwiebel waschen und in feine Ringe schneiden. Den Kopfsalat auf Teller verteilen, den Rinderbacken-Salat darauf anrichten und mit Lauchzwiebeln bestreut servieren. Dazu schmeckt frisches Bauernbrot.

Tipp: Da das Kochen von Rinderbacken sehr zeitaufwendig ist, kann man am besten gleich mehrere Kochen und zum Beispiel zu Meerrettichsoße (siehe Rezept S. 44) essen oder gekocht einfrieren. Die Brühe eignet sich hervorragend als Suppe.

Handkees mit Musigg

„Handkäse mit Musik"

Handkäse steht im Odenwald auf jeder Speisekarte! Liebhaber lassen ihn auch gern zusammen mit den marinierten Zwiebeln lange ziehen. Woher der Name „Musik" kommt, kann man sich angesichts der Zwiebeln denken …

Zutaten *für 4 Personen:*

3–4 Zwiebeln
10 EL Essig
12 EL Pflanzenöl
12 Harzer Käse
Salz, Pfeffer

Zubereitung:

1. Die Zwiebeln abziehen und in sehr feine Würfel schneiden. Die Zwiebelwürfel in einer großen Schüssel mit dem Essig, dem Öl, Salz und Pfeffer verrühren.

2. Den Harzer Käse dazugeben und alles vorsichtig vermischen. Mindestens 4–5 Stunden durchziehen lassen.

Tipp: Die Soße kann mit frischem, fein geschnittenem Schnittlauch oder Petersilie verfeinert werden. Zu Handkäse schmeckt sehr gut frisches Bauernbrot mit Butter.

Kochkees

„Kochkäse"

Kochkäse heißt im Odenwald auch Brennkäse. Er wird, wie der Handkäse, meist mit „Musik" (Zwiebelsalat) und Bauernbrot serviert.

Zutaten *für 6 Personen:*

250 g Butter
1 Rolle Handkäse (200–250 g)
200 ml süße Sahne
200 g Schmelzkäse
250 g Magerquark
2 TL Natron

Zubereitung:

1. Die Butter in einem Topf bei geringer Hitze schmelzen.

2. Den Handkäse klein schneiden und unter die geschmolzene Butter rühren. Die Sahne, den Schmelzkäse und den Quark dazugeben und bei geringer Hitze zu einer cremigen Masse verrühren.

3. Das Natron dazugeben und den Kochkäse in ein oder mehrere Gefäße füllen. Achtung: Nicht bis zum Rand füllen, da der Kochkäse noch aufgeht. Reichen Sie dazu Bauernbrot mit Butter und Kümmel.

Schwoademoae
mit Geräisde

„Schwartenmagen mit Bratkartoffeln"

Jede Region hat ihren eigenen Schwartenmagen oder Presskopf. Im Odenwald wird er traditionell aus magerem Schweinefleisch und Schwarten hergestellt und ist geräuchert und ungeräuchert erhältlich.

Zutaten *für 2 Personen:*

500 g festkochende Kartoffeln
1 Dose Schwartenmagen (ca. 200 g)
2 Eier
1 kleines Glas Gewürzgurken (320 g)
1 Bund Radieschen
1 Zwiebel
5–6 EL Pflanzenöl
1 Prise Zucker
Salz, Pfeffer

Für die Dekoration:
etwas frisch gehackte Petersilie
einige frische Schnittlauchröllchen

Zubereitung:

1. Die Kartoffeln waschen und in reichlich Salzwasser garen. Mit kaltem Wasser abschrecken und abkühlen lassen.

2. Von der Schwartenmagendose den Deckel und den Boden entfernen, die Wurst durchschieben und in ca. 1 cm dicke Scheiben schneiden.

3. Die Eier in einen Topf mit kochendem Wasser geben und ca. 10 Minuten hart kochen. Abkühlen lassen, pellen und klein hacken.

4. Die Gewürzgurken in ein Sieb abgießen und dabei das Gurkenwasser auffangen. Die Radieschen putzen und waschen. Mit den Gurken in kleine Würfel schneiden. Die Zwiebel abziehen und fein würfeln. Alles in eine Schüssel geben und mit dem Gurkenwasser, dem Öl, Salz, Pfeffer und dem Zucker abschmecken. Ziehen lassen.

5. Die Schwartenmagenscheiben auf einem flachen Teller arrangieren und mit den Gurken- und Radieschenwürfeln sowie Petersilie und Schnittlauch dekorieren. Die Eier können je nach Belieben entweder in die Soße eingerührt werden oder zum Schluss einfach über dem Teller verteilt werden.

6. Die Kartoffeln schälen, in Scheiben schneiden und in Öl knusprig anbraten.

Zutaten *für 4 Personen:*

1 kg Kartoffeln
2 Zwiebeln
250 g Schinkenspeck
2 Fleischwürstchen
30 g Butterschmalz
40 g Margarine
6 Eier
1 Bund Petersilie, fein geschnitten
Salz, Pfeffer

Defdisches

Bauernfrieschdig

„Deftiges Bauernfrühstück“

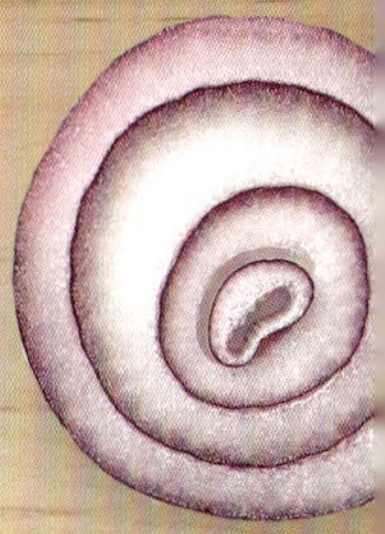

Dieses einfache und sättigende Gericht wird im Odenwald zu jeder Tageszeit gereicht. Am besten servieren Sie das Bauernfrühstück in einer schmiedeeisernen Pfanne. Das sieht nicht nur schön aus, sondern hält das Gericht auch länger warm.

Zubereitung:

1. Die Kartoffeln waschen und mit der Schale in reichlich Salzwasser gar kochen. Die noch warmen Kartoffeln pellen und abkühlen lassen.

2. Die Zwiebeln abziehen und in feine Würfel hacken. Den Schinkenspeck in Streifen und dann in kleine Würfel schneiden

3. Die abgekühlten Kartoffeln und die Fleischwürstchen jeweils in ca. 5 mm dicke Scheiben schneiden oder würfeln.

4. Etwa 15 g Butterschmalz in einer Pfanne erhitzen und die Fleischwurstscheiben von beiden Seiten knusprig anbraten. Die fertigen Scheiben auf einen Teller legen und im Backofen warm stellen.

5. Den Rest Butterschmalz in die Pfanne geben und die Speckwürfel knusprig anbraten. Die Zwiebelwürfel hinzufügen und das Ganze unter Rühren ein paar Minuten weiterbraten. Die fertige Mischung in eine kleine Schüssel füllen und im Backofen warm stellen.

6. Etwa 20 g Margarine in der Pfanne schmelzen und die Hälfte der geschnittenen Kartoffeln darin kurz anbraten. 3 Eier verquirlen, mit Salz und Pfeffer würzen und darübergießen. Jeweils die Hälfte der Zwiebel-Speck-Mischung und der Fleischwurstscheiben über die Kartoffeln streuen und das Ganze bei geringer Hitze stocken lassen. Gelegentlich etwas einstechen, damit die Eiermasse auch unter die Kartoffeln läuft.

7. Das fertige Gericht mit einem Pfannenwender leicht anheben und auf einen flachen Teller ziehen. Die Hälfte der fein geschnittenen Petersilie darüberstreuen und das Bauernfrühstück im Backofen warm stellen. Die zweite Hälfte der Kartoffeln wie in Punkt 6 beschrieben zubereiten.

Zwiwwelkuche

„Zwiebelkuchen“

Zwiebelkuchen gibt es in vielen Regionen und überall genießt man dazu gerne frisch gepressten oder gärenden Saft. Im Odenwald trinkt man den „Sießen“ (frischen Apfelmost) oder den „Rauscher“ (gärenden Apfelmost) zu seinem Zwiebelkuchen.

Zutaten *für 1 Backblech:*

Für den Teig:
250 ml Milch
500 g Mehl
1 Würfel Frischhefe oder
 1 Päckchen Trockenhefe
½ TL Zucker
80 g weiche Butter oder Margarine
1 Prise Salz

Für den Belag:
1 kg Zwiebeln
200 g roher Schinken
4 EL Pflanzenöl
200 g Frischkäse
2 EL Paniermehl
Salz, Pfeffer

Für den Guss:
3 Eigelb
400 g saure Sahne
150 g geriebener Emmentaler
1 EL gehackte Petersilie
Salz, Pfeffer

Zubereitung:

1. Die Milch leicht erhitzen (nicht kochen). Das Mehl in eine Schüssel sieben und in die Mitte eine Mulde drücken. Die Hefe hineinbröckeln und mit dem Zucker und der Hälfte der Milch zu einem Vorteig verrühren. Mit einem Tuch abgedeckt ca. 20 Minuten an einem warmen Ort gehen lassen.

2. In der Zwischenzeit die Zwiebeln abziehen und klein hacken. Den Schinken in kleine Würfel schneiden.

3. Zum Vorteig die Butter und das Salz hinzufügen und alles mit den Knethaken des Handrührgerätes schnell zu einem geschmeidigen Teig verarbeiten. Weitere 20 Minuten gehen lassen.

4. Während der Ruhezeit das Öl erhitzen, die Schinkenwürfel dazugeben, kurz anbraten und die gehackten Zwiebeln hinzufügen. Alles gut dünsten, dann mit Pfeffer und Salz abschmecken und abkühlen lassen.

5. Den Hefeteig aus der Schüssel nehmen und auf einer bemehlten Arbeitsfläche mit einem Nudelholz etwa in der Größe des Backblechs ausrollen. Das Backblech mit Butter einfetten oder mit Backpapier auslegen und den Teig darauflegen. Die Ränder leicht hochdrücken, den Teig mit Frischkäse bestreichen und mit Paniermehl bestreuen. Den Teig mit einem Tuch abdecken und weitere 5 Minuten gehen lassen. Den Backofen auf 200 °C (Umluft 180 °C) vorheizen.

6. Nun den abgekühlten Zwiebel-Schinken-Belag auf dem Teig verteilen. Die Eigelbe, die saure Sahne, den Käse und die Petersilie verquirlen. Mit Pfeffer und Salz würzen und auf den Belag gießen. Im vorgeheizten Backofen ca. 45 Minuten auf der mittleren Schiebeleiste backen.

XXL

Quellde mit Kräuderschmeerkees

„Pellkartoffeln mit Kräuterquark"

Kartoffeln sind ein wichtiger Bestandteil der Odenwälder Küche und gehören zum kulinarischen Erbe der Region. Auf dem im Odenwald stattfindenden „Kartoffelfest" oder dem „Kartoffelmarkt" werden verschiedene lokale Spezialitäten angeboten.

Zubereitung:

1. Die Kartoffeln waschen, bürsten und in einem großen Topf mit Salzwasser und Kümmel ca. 30 Minuten garen.

2. Die Zwiebel abziehen und fein hacken. Die Kräuter waschen, trocken schütteln und ebenfalls fein hacken.

3. Den Quark mit der Zwiebel und den Kräutern vermischen und so viel Milch darunterrühren, bis der Quark eine cremige Konsistenz hat.

4. Mit Salz und Pfeffer würzen. Die Kartoffeln abschütten und zusammen mit dem Kräuterquark servieren.

Im Odenwald werden verschiedene Kartoffelsorten angebaut, darunter lokale Sorten wie die „Odenwalder Blaue", „Odenwälder Gelbe" oder „Odenwalder Rote". Diese Sorten zeichnen sich durch ihr einzigartiges Geschmacksprofil aus.

Zutaten *für 4 Personen:*

1 kg vorwiegend festkochende Kartoffeln
etwas Kümmel
1 Zwiebel
frische Kräuter (z. B. Petersilie, Schnittlauch, Dill, ...)
500 g Magerquark
50–100 ml Milch
Salz , Pfeffer

Kaddoffelpannkuche
mit Ebbelbrei

„Kartoffelpfannkuchen mit Apfelmus"

Früher aßen die Menschen Kartoffelpuffer als Beilage zu einer dicken Suppe. Heute brauchen nur noch körperlich schwer Arbeitende eine solch mächtige Mahlzeit.

Zutaten *für 4 Personen:*

1 kg Äpfel
½ Zimtstange
Zucker nach Belieben
1 kg Kartoffeln
1 kleine Zwiebel
1 Ei
3 EL Kartoffelmehl
Majoran
8 EL Pflanzenöl
Salz, Pfeffer

Zubereitung:

1. Die Äpfel schälen und in Stücke schneiden. In einem Topf mit der Zimtstange, Zucker nach Belieben und ein wenig Wasser ca. 30 Minuten köcheln. Abkühlen lassen.

2. Die Kartoffeln waschen, schälen und reiben. In einem Sieb die Stärke abtropfen lassen. Die Zwiebel abziehen und fein hacken. Die geriebenen Kartoffeln mit dem Ei, der gehackten Zwiebel, dem Kartoffelmehl und den Gewürzen vermischen.

3. Das Öl erhitzen, jeweils 2 Esslöffel Teig hineingeben und nach und nach flache Pfannkuchen backen.

4. Die Kartoffelpfannkuchen mit dem Apfelmus servieren.

Tipp: Wer es lieber ein wenig herzhafter mag, kann zu den Kartoffelpuffern anstatt Apfelmus auch einen Kräuterquark (siehe Rezept S. 30) essen.

Kartoffelpfannkuchen mit Apfelmus

Kaddoffelgemies

„Kartoffelgemüse"

Das Kartoffelgemüse schmeckt besonders gut zu deftiger Bratwurst oder selbst gemachten Frikadellen.

Zutaten *für 4 Personen:*

1 kg Kartoffeln
1 Zwiebel
1 EL Butterschmalz
1 EL Mehl
500 ml Fleisch- oder Gemüsebrühe
1 Lorbeerblatt
etwas Essig
Salz, Pfeffer

Zubereitung:

1. Die Kartoffeln in Salzwasser garen, heiß pellen und in ca. 1 cm dicke Scheiben schneiden. Die Zwiebel abziehen und in kleine Würfel schneiden.

2. Das Fett in einem großen Topf erhitzen und die Zwiebelwürfel darin glasig dünsten. Das Mehl mit einem Schneebesen einrühren, sofort die Brühe angießen und weiterrühren, bis eine dickflüssige Soße entsteht.

3. Das Lorbeerblatt, Salz und einen Schuss Essig dazugeben und nach Belieben abschmecken. Die Kartoffelscheiben dazugeben und vorsichtig umrühren. Bei mittlerer Hitze kochen, bis ein dickliches Gemüse entsteht. Dabei gelegentlich umrühren.

Friggadelle

„Frikadellen"

Zu Frikadellen isst man im Odenwald gerne Kartoffelstampf und Karotten-Erbsen-Gemüse.

Zutaten *für 4 Personen:*

1 Zwiebel
1 altbackenes Brötchen
500 g gemischtes Hackfleisch
1 Ei
2 EL Butterschmalz
geriebene Muskatnuss
Salz, Pfeffer

Zubereitung:

1. Die Zwiebel abziehen und in feine Würfel schneiden. Das trockene Brötchen in heißem Wasser einweichen, bis es völlig durchtränkt ist. Das Hackfleisch, die Zwiebelwürfel, das Ei und etwa ½ Teelöffel Salz in eine Schüssel geben. Mit einer Gabel oder den Händen gut durchmischen.

2. Das Brötchen mit den Händen fest ausdrücken, in die Schüssel zu der Hackfleischmischung geben und das Ganze gut vermengen. Die Mischung mit Pfeffer und Muskatnuss nach Belieben abschmecken.

3. Das Butterschmalz in einer Pfanne erhitzen. Die Hände mit kaltem Wasser befeuchten und aus der Hackfleischmasse Kugeln formen, flach drücken und in dem heißen Fett von beiden Seiten 8–9 Minuten anbraten.

Kochkeesschnitzel
mit Geräisde

„Kochkäseschnitzel mit Bratkartoffeln“

Früher hatte jede Familie im Odenwald ihr ganz eigenes Kochkäserezept. Kochkäse war unter anderem deshalb so beliebt, weil er durch die Herstellung deutlich länger haltbar war als die verwendeten Milchprodukte selbst. Wollte man also verhindern, dass Quark oder Butter verdarben, wurde daraus gerne Kochkäse gemacht.

Zubereitung:

1. Die Kartoffeln schälen, waschen und in Scheiben schneiden. Die Zwiebel abziehen und in Würfel schneiden.

2. Das Öl in einer großen Pfanne erhitzen und die Kartoffelscheiben darin anbraten. Die Zwiebelwürfel dazugeben und mit Salz und Pfeffer würzen. Zugedeckt ca. 20 Minuten bei mittlerer Hitze braten, dabei ab und zu umrühren.

3. Die Schnitzel mit Salz und Pfeffer würzen. In einem tiefen Teller das Ei mit einer Gabel verrühren und in einen anderen Teller die Semmelbrösel geben. Die Schnitzel zuerst im Ei und dann in den Semmelbröseln wenden.

4. Das Öl in einer Pfanne erhitzen und die Schnitzel von jeder Seite ca. 6 Minuten braten. Die Schnitzel auf Teller verteilen, den Kochkäse darübergeben und zusammen mit den Bratkartoffeln sofort servieren.

Tipp: Am besten schmeckt das Gericht natürlich, wenn Sie den Kochkäse selbst zubereiten. Das Rezept für Odenwälder Kochkäse finden Sie auf Seite 23.

Zutaten *für 4 Personen:*

Für die Schnitzel:
4 Schweineschnitzel
1 Ei
4 EL Semmelbrösel
2 EL Pflanzenöl
200 g Kochkäse
Salz, Pfeffer

Für die Bratkartoffeln:
1 kg Kartoffeln
1 Zwiebel
3 EL Pflanzenöl
Salz, Pfeffer

Zutaten *für 4 Personen:*

2 Zwiebeln
1 Bund Suppengrün
2 Äpfel
4 Hähnchenbrüste
2–3 EL Sonnenblumenöl
2 EL Tomatenmark
500 ml Apfelwein
1 EL Speisestärke
einige Stängel Petersilie
Salz, Pfeffer

Ebbelwoi-Hingelsche

„Apfelwein-Hähnchen"

Das „Ebbelwoi-Hingelsche" ist die Odenwälder Variante des berühmten französischen Gerichtes „Coq au vin", das man je nach Region mit unterschiedlichen Rot- oder Weißweinsorten zubereitet. Die Odenwälder ersetzen diesen natürlich durch ihren geliebten „Ebbelwoi".

Zubereitung:

1. Die Zwiebeln abziehen und das Suppengrün sowie die Äpfel waschen, putzen und schälen. Alles in ca. 2 cm große Würfel schneiden.

2. Die Hähnchenbrüste mit Salz und Pfeffer würzen, in einem Bräter in dem heißen Öl anbraten und wieder herausnehmen.

3. Das Gemüse im Bratfett unter Rühren anbraten. Das Tomatenmark dazugeben, umrühren und unter mehrmaliger Zugabe von etwas Wasser einkochen lassen.

4. Das Fleisch wieder dazugeben und alles mit dem Apfelwein übergießen. Mit Salz und Pfeffer würzen. Zugedeckt leicht kochen lassen. Je nach Größe der Hähnchenbrüste 10–20 Minuten durchgaren.

5. Die Speisestärke in etwas kaltem Wasser anrühren. Das Fleisch herausnehmen und die Soße mit der Speisestärke abbinden. Mit Salz und Pfeffer abschmecken.

6. Das Fleisch auf dem Gemüse anrichten und mit Petersilie garniert servieren. Dazu passen Bratkartoffeln.

Wildgulasch
mit Ebbel-Roudkraud

„Wildgulasch mit Apfel-Rotkraut“

Die heimischen Wälder im Odenwald sind sehr wildreich. Deshalb sind Wildgerichte auf den Speisekarten vieler Gasthäuser zu finden.

Zutaten *für 4 Personen:*

Für das Gulasch:
2 Zwiebeln
1 EL Rosmarinnadeln
600 g Wildfleisch (z. B. Hirsch)
2 EL Pflanzenöl
1 EL Tomatenmark
1 Beutel Bratensoße für Gulasch

Für das Apfel-Rotkraut:
1 Kopf Rotkohl
4 Äpfel (Boskop)
3 Zwiebeln
2 EL Butterschmalz
400 ml Apfelsaft
2 Lorbeerblätter
5 Nelken
3 EL Essig (vorzugsweise Apfelessig)
Zimt nach Belieben
Salz, Pfeffer

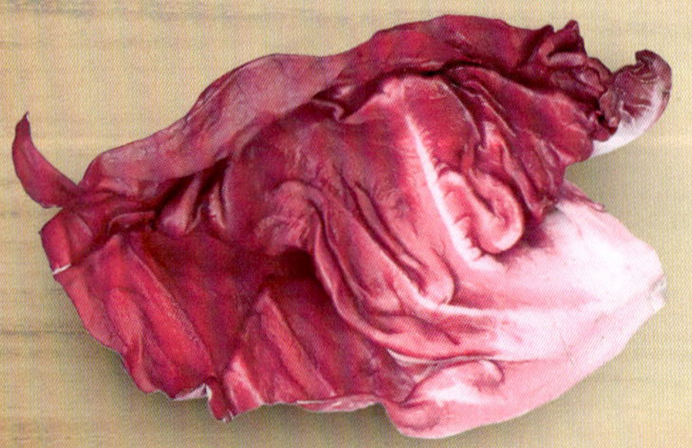

Zubereitung:

1. Für das Gulasch die Zwiebeln abziehen und zusammen mit dem Rosmarin fein hacken.

2. Das Fleisch in Würfel schneiden und portionsweise in dem heißen Öl anbraten. Die Zwiebeln und den Rosmarin hinzufügen und kurz mitbraten.

3. Das Tomatenmark dazugeben und anschwitzen lassen. 400 ml Wasser zugießen, den Beutelinhalt Soßenpulver einrühren und unter Rühren aufkochen. Zugedeckt bei schwacher Hitze 1½ Stunden schmoren.

4. Für das Apfel-Rotkraut den Rotkohl vierteln und den Strunk entfernen. Die Äpfel schälen, vom Kerngehäuse befreien und in Stücke schneiden. Die geviertelten Stücke in feine Streifen schneiden. Die Zwiebeln abziehen und in Streifen schneiden.

5. Das Butterschmalz erhitzen, die Zwiebeln und die Äpfel darin anschwitzen, den Rotkohl hinzugeben und mit dem Apfelsaft ablöschen. Die Gewürze in ein Teesieb legen und in den Rotkohl geben. Den Essig hinzufügen und zugedeckt ca. 1 Stunde bei mittlerer Hitze garen. Nach Belieben mit Zimt sowie Salz und Pfeffer abschmecken.

6. Das Gulasch mit dem Apfel-Rotkraut servieren. Dazu passen Semmelknödel.

Wildgulasch mit Apfel-Rotkraut

Zutaten *für 4 Personen:*

1 kg gesalzener Schweinebauch
1 Zwiebel
40 g Pflanzenfett
1 kg Sauerkraut
1 Lorbeerblatt
2–3 Wacholderbeeren
1 EL Mehl
Kümmel
Salz

Xsallse Fleisch mit Sauerkraud

„Gesalzenes Fleisch mit Sauerkraut“

Eine alte Tradition im Odenwald ist es, in der Silvesternacht Sauerkraut zu essen. Je länger die Krautfäden sind, desto länger soll Geld im Haus sein. Kraut war früher neben Bohnen das wichtigste Gemüse im Winter. Beides wurde im eigenen Garten gezogen und in Kraut- oder Bohnenfässern haltbar gemacht.

Zubereitung:

1. Den Schweinebauch in einen großen Topf mit ca. 3 Litern kochendem Wasser geben. Das Fleisch sollte komplett bedeckt sein und im Wasser schwimmen. Das Fleisch 1–1 ½ Stunden köcheln lassen. Gegen Ende der Kochzeit mit einem spitzen Messer den Gargrad prüfen. Darauf achten, dass der Speck nicht zu weich wird.

2. Die Zwiebel abziehen und in feine Würfel schneiden. In einem großen Topf das Fett heiß werden lassen und die Zwiebelwürfel darin anbraten.

3. Das Sauerkraut mit zwei Gabeln auflockern und zu den Zwiebeln geben. Mit einer Prise Salz und Kümmel würzen. Mit etwas Wasser aufgießen, das Lorbeerblatt und die Wacholderbeeren dazugeben und das Kraut weich kochen.

4. Wenn das Kraut gar ist, das Mehl in einer Tasse mit etwas kaltem Wasser anrühren, zu dem Kraut geben und 15 Minuten weiterkochen. Zum Schluss den Lorbeer und die Wacholderbeeren entfernen.

5. Das Fleisch in Portionen aufteilen, mit Kraut auf Tellern anrichten und servieren.

Tipp: Zu diesem Gericht schmeckt auch Kartoffelpüree oder frisches Odenwälder Bauernbrot.

Rinderbagge
mit Meerreddischsoß

„Rinderbacken mit Meerrettichsoße“

Rinderbacken vom Odenwalder Weiderind sind ein hervorragend zartes und saftiges Schmorstück. Sie haben einen recht hohen Bindegewebs- und Fettanteil und sollten daher immer lange geschmort werden.

Zubereitung:

1. Die Rinderbacken in einem großen Topf mit ca. 3 Liter kaltem Wasser und dem Salz ohne Deckel zum Kochen bringen. Den Schaum abschöpfen.

2. Das Suppengrün putzen, schälen, waschen, klein schneiden und zu den Rinderbacken geben. Die Zwiebel halbieren und in einer kleinen Pfanne auf beiden Schnittseiten leicht anrösten. Anschließend zu den Rinderbacken geben. Je nach Größe 2 ½–3 Stunden köcheln lassen.

3. Von der Brühe 1 Liter entnehmen und die beiden Brötchen darin einweichen. Gut durchweichen lassen.

4. Anschließend das Mehl mit 100 ml kaltem Wasser verrühren, sodass keine Klümpchen mehr vorhanden sind. Unter Rühren zu den Brötchen in die heiße Fleischbrühe geben.

5. Die eingeweichten Brötchen mit dem Handrührgerät zerkleinern. In die Masse so viel frisch geriebenen Meerrettich einrühren, bis die gewünschte Schärfe erreicht ist. Mit Sahne verfeinern. Ist die Soße zu dünn, kann man den Vorgang mit dem Mehl noch einmal wiederholen. Mit Salz und Pfeffer abschmecken.

6. Das Fleisch in Streifen schneiden und mit der Soße servieren. Dazu schmecken Birnen, Preiselbeeren und frische Salzkartoffeln.

Tipp: Reste von den Rinderbacken ergeben einen hervorragenden Fleischsalat (siehe Rezept S. 20).

Zutaten *für 4 Personen:*

Für die Rinderbacken:
2 Rinderbacken ca. 1 kg
3 TL Salz
1 Bund Suppengrün
(ca. 500 g)
1 Zwiebel

Für die Meerrettichsoße:
1–2 altbackene Brötchen
1 gehäufter EL Mehl
1 Stange frisch geriebener
Meerrettich
süße Sahne
Salz, Pfeffer

Himmel un Ääd

„Himmel und Erde"

Die Bezeichnung „Himmel und Erde" leitet sich davon ab, dass die Äpfel für das Apfelmus oben auf Bäumen („Himmel") wachsen und die Kartoffeln für das Püree unten in der „Erde".

Zubereitung:

1. Für das Apfelmus die Äpfel schälen, vierteln, vom Kerngehäuse befreien und in Spalten schneiden. Die Zitrone heiß abwaschen und die Schale spiralförmig abschneiden.

2. Die Apfelspalten mit 125 ml Wasser, der Zimtstange und der Zitronenschale in einem Topf mit geschlossenem Deckel weich kochen.

3. Die Zitronenschale und den Zimt herausnehmen. Noch heiß den Zucker dazugeben und alles mit einem Schneebesen zu Mus schlagen.

4. Für das Kartoffelpüree die Kartoffeln waschen, schälen und in Stücke schneiden. In kochendem Salzwasser ca. 20 Minuten garen. Abschütten und zusammen mit der Milch und der Butter mit einem Kartoffelstampfer zu Püree verarbeiten. Mit etwas Muskat und Salz abschmecken.

5. Den Speck in Würfel und die Blutwurst in Scheiben schneiden.

6. Das Butterschmalz in einer Pfanne erhitzen und die Blutwurst darin kross braten. Herausnehmen und die Speckwürfel anbraten. Das Püree mit dem Apfelmus und der Blutwurst anrichten und mit den Speckwürfel bestreut servieren.

Mehrere Hundert Apfelsorten soll es im Odenwald geben – die bekanntesten sind Goldparmäne, Boskop, Brettacher, Winterrambour oder auch der Kalbfleischapfel.

Zutaten *für 4 Personen:*

Für das Apfelmus:
1 kg Äpfel
1 unbehandelte Zitrone
1 Zimtstange
100 g Zucker

Für das Kartoffelpüree:
750 g mehligkochende Kartoffeln
125 ml Milch
1 EL Butter
geriebene Muskatnuss
Salz

Außerdem:
200 g durchwachsener Speck
500 g geräucherte Blutwurst
Butterschmalz zum Anbraten

Sauerbrode

„Sauerbraten“

Der Sauerbraten wird in allen Regionen unterschiedlich zubereitet und schmeckt daher auch überall anders. Der Odenwälder Sauerbraten schmeckt frisch, säuerlich und nach Gewürzen und Kräutern.

Zutaten *für 2 Personen:*

Für den Braten:
500 g Rinderbraten
etwas Mehl
20 g Fett
Pfeffer, Salz

Für die Beize:
1 Zwiebel
4 Nelken
1 Karotte
1 Petersilienwurzel
½ Sellerieknolle
½ l Essig
10 Pfefferkörner
1 Lorbeerblatt

Zubereitung:

1. Für die Beize die Zwiebel abziehen und mit den Nelken spicken, das Wurzelgemüse putzen und in Stücke schneiden. 3 Liter Wasser mit dem Essig in einem großen Topf zum Kochen bringen und mit allen Zutaten ca. 15 Minuten kochen. Die Beize völlig erkalten lassen, über das Fleisch gießen und dieses an einem kühlen Ort 5–6 Tage in der Beize marinieren.

2. Das Fleisch aus der Beize nehmen, mit Küchenkrepp trocken tupfen, salzen und pfeffern, in etwas Mehl wenden und im heißen Fett von allen Seiten braun anbraten. Die Beize durch ein Sieb gießen und die Flüssigkeit auffangen.

3. Den Braten mit so viel Essigbeize aufgießen, dass er knapp damit bedeckt ist, und im geschlossenen Topf ca. 2 Stunden schmoren.

4. Nach Ablauf der Garzeit den Sauerbraten herausnehmen, beiseitestellen und die Soße mit etwas Mehl binden. Je nach Geschmack noch mit Salz und Pfeffer nachwürzen.

5. Den Braten in Scheiben schneiden, auf Tellern anrichten und mit der Soße, Kartoffelknödeln und Rotkraut servieren.

Tipp: Je nachdem, wie viel Essig Sie für die Beize nehmen, wird es ein milder oder scharf-saurer Braten.

Zutaten *für 4 Personen:*

1 Kopf Weißkraut
1 Zwiebel
250 g gemischtes Hackfleisch
1 Ei
geriebene Muskatnuss
50 g durchwachsener Speck
125 g saure Sahne
Salz, Pfeffer

Kraudwiggl

„Krautwickel“

Wie bei vielen regionalen Gerichten gibt es auch bei Krautwickeln verschiedene Variationen. Im Odenwald isst man zu den Krautwickeln gerne Kartoffelpüree mit einer Soße, die man aus dem Krautsud zubereitet.

Zubereitung:

1. Von dem Krautkopf die äußeren, beschädigten Blätter entfernen. Einen Topf mit Salzwasser zum Kochen bringen und den ganzen Krautkopf in das kochende Wasser legen.

2. Den Krautkopf so lange kochen, bis man die Blätter leicht ablösen kann. Etwa 16 große Blätter auf ein Brett legen und die Blattrippen mit einem Messer etwas abflachen, damit sich die Blätter leichter rollen lassen und nicht brechen.

3. Die Zwiebel abziehen und in feine Würfel schneiden. Zusammen mit dem Hackfleisch, dem Ei, Salz, Pfeffer und 1 Prise Muskatnuss mit einer Gabel gut vermischen.

4. Das Hackfleisch in 8 Bällchen aufteilen. Jeweils auf ein Blatt ein Hackfleischbällchen legen und mit einem zweiten Blatt von der anderen Seite bedecken. Die Krautblätter mit dem Hackfleisch aufrollen und mit 1–2 Zahnstochern feststecken.

5. Den Speck in kleine Würfel schneiden und in einer Pfanne ausbraten. Die Krautwickel darauflegen und von beiden Seiten anbraten.

6. Die saure Sahne und 250 ml Wasser zugeben und bei geschlossenem Deckel je nach Größe etwa 10 Minuten weich dünsten.

7. Anschließend die Krautwickel nach Belieben mit Kartoffeln oder Kartoffelpüree auf einem Teller anrichten und etwas Krautsud darübergeben.

Forelle
in foinem Kräuderroam

„Forelle in feinem Kräuterrahm“

Die Odenwaldforelle wird von jedem Koch in der Region als Spezialität in vielen verschiedenen, köstlichen Variationen zubereitet.

Zutaten *für 4 Personen:*

Für die Forelle:
4 küchenfertige Forellen
2–3 EL Mehl
3 EL Pflanzenöl
30 g Butter
Salz, Pfeffer

Für die Soße:
200 g gemischte Kräuter
(z. B. Kerbel, Estragon, Dill, Sauerampfer, Petersilie, …)
1 Zwiebel
2–3 EL Pflanzenöl
150 ml Weißwein
200 ml süße Sahne
2 EL Crème fraîche
4–5 EL Zitronensaft
Salz, Pfeffer

Zubereitung:

1. Die Forellen innen und außen unter fließend kaltem Wasser waschen und mit Küchenkrepp trocken tupfen. Innen und außen salzen und pfeffern und dann in dem Mehl wenden. Das Öl und die Butter in der Pfanne erhitzen und die Forellen auf beiden Seiten nicht zu scharf anbraten. Danach zugedeckt auf niedriger Stufe 6–8 Minuten garen lassen.

2. Für die Soße die Kräuter waschen, trocken schütteln und fein hacken. Die Zwiebel abziehen, fein würfeln und in einer Pfanne in dem erhitzten Öl glasig dünsten. Mit dem Weißwein ablöschen, die Sahne angießen, die Kräuter hinzufügen und alles bei niedriger Hitze ein wenig einkochen lassen. Zum Schluss die Crème fraîche dazugeben. Mit Salz, Pfeffer und dem Zitronensaft abschmecken.

3. Die Forellen mit der Soße servieren. Dazu passen Salzkartoffeln.

Beim Sammeln von Kräutern ist es äußerst wichtig, die Pflanzen genau zu identifizieren, um Verwechslungen mit giftigen oder gesundheitsschädlichen Pflanzen zu vermeiden. Unkenntnis kann zu schwerwiegenden gesundheitlichen Problemen führen.

Zutaten *für 4 Personen:*

1 Lammkeule ohne Knochen (ca. 1,5 kg)
2 EL Senf
3 Zwiebeln
3 Knoblauchzehen
1 Bund Suppengrün
3 Stängel Liebstöckel
½ Bund Rosmarin
½ Bund Thymian
3–4 EL Pflanzenöl
2 EL Tomatenmark
250 ml Weißwein
500 ml Fleischbrühe
Salz, Pfeffer

Gschmorde

Loammkeule

„Geschmorte Lammkeule"

Das Odenwälder Weidelamm wächst auf den kräuterreichen duftenden Wiesen der Region auf und verbringt dort mindestens sechs Monate. Die natürliche Nahrung prägt den Geschmack des Lammfleisches.

Zubereitung:

1. Den Backofen auf 160°C (Umluft 140 °C) vorheizen.

2. Die Lammkeule mit dem Senf bestreichen und mit Salz und Pfeffer würzen. Die Zwiebeln und die Knoblauchzehen abziehen und fein hacken. Das Suppengrün putzen, waschen und würfeln. Die Kräuter waschen, trocken schütteln, die Blätter abzupfen, hacken und auf einen flachen Teller geben.

3. In einem Bräter 3 Esslöffel Öl erhitzen und das Fleisch darin von allen Seiten goldbraun anbraten. Herausnehmen und in den Kräutern wälzen, damit die Keule rundherum damit bedeckt ist.

4. In dem noch heißen Öl die Zwiebel- und Knoblauchwürfel glasig dünsten, gegebenenfalls noch etwas Öl hinzufügen. Die Gemüsewürfel hinzufügen und ca. 3 Minuten mitanbraten. Das Tomatenmark hinzufügen, leicht anrösten und alles mit dem Weißwein ablöschen. Die Fleischbrühe angießen und alles aufkochen lassen.

5. Die Lammkeule in den Bräter auf das Gemüse setzen und im vorgeheizten Backofen 2–2 ½ Stunden garen. Zwischendurch immer wieder mit etwas Fond aus dem Bräter übergießen.

6. Die Lammkeule aus dem Bräter nehmen, in Alufolie wickeln und im ausgeschalteten Backofen ca. 10 Minuten ruhen lassen. Währenddessen das Gemüse mit dem Pürierstab fein pürieren, durch ein Sieb streichen und die Soße mit Salz und Pfeffer abschmecken.

7. Die Lammkeule in Scheiben schneiden und mit der Soße servieren. Dazu passen Kartoffeln.

Zutaten *für 6 Personen:*

1 gehäuteter und entbeinter Feldhase
500 g Schweinebauch
1 Bund Suppengrün
2 Zwiebeln
50 g Butterschmalz
50 g Mehl
3 EL Tomatenmark
Majoran
Thymian
1 l trockener Rotwein
Salz, Pfeffer

Für die Kartoffelklöße:

1,5 kg gekochte und gepellte Kartoffeln vom Vortag
2 Eier
100 g Grieß
100 g Kartoffelstärke
geriebene Muskatnuss
Salz, Pfeffer

Dibbehaas
mit Kaddoffelkläiß

„Dibbehaas mit Kartoffelknödeln"

Beim „Dibbehas" handelt es sich um ein Schmorgericht aus Hasenfleisch. „Dibbe" bedeutet so viel wie „Topf", da das Schmorgericht in einem großen Bräter zubereitet wird.

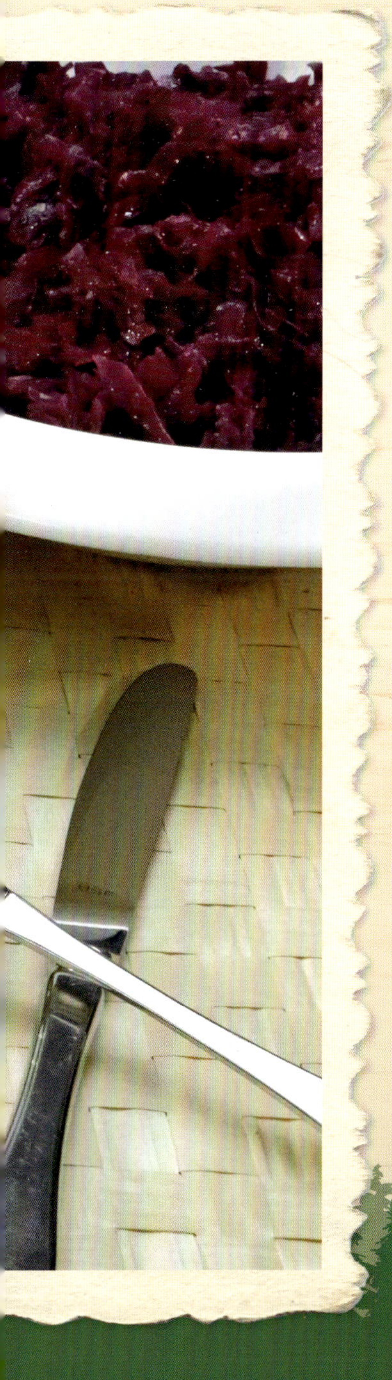

Zubereitung:

1. Das Hasenfleisch und den Schweinebauch in mundgerechte Stücke schneiden. Das Suppengrün putzen, waschen und klein schneiden. Die Zwiebeln abziehen und fein würfeln.

2. Das Butterschmalz in einer großen Pfanne erhitzen und die Zwiebel- und Suppengrünstücke darin anbraten. Die Fleischstücke dazugeben und mit anbraten. Alles in einen Bräter füllen.

3. Das Mehl in dem restlichen Bratfett in der Pfanne anschwitzen, das Tomatenmark, die Kräuter, Salz und Pfeffer dazugeben und mit dem Rotwein ablöschen.

4. Die Soße in den Bräter gießen und diesen in den kalten Backofen auf die untere Schiebeleiste stellen. Bei 250 °C (Umluft 230 °C) ca. 30 Minuten garen, dann die Hitze auf 175 °C (Umluft 155 °C) reduzieren und den Dibbehaas weitere 90 Minuten garen.

5. In der Zwischenzeit die Kartoffeln reiben oder durch die Presse drücken. Die Eier, den Grieß und die Kartoffelstärke dazugeben und mit Muskat, Salz und Pfeffer würzen.

6. Alles gut verkneten und aus der Masse Klöße formen. Salzwasser in einem Topf erhitzen und die Klöße darin ca. 15 Minuten sieden lassen. Mit einem Schaumlöffel herausnehmen, abtropfen lassen und zu dem Dibbehaas servieren.

Kodlett
mit Weißkraudsaload

„Kotelett mit Weißkrautsalat"

Stielkoteletts sind besonders zart und mager, brauchen aber in der Pfanne etwas länger als Fleisch ohne Knochen. Durch den längeren Garprozess schmecken die Koteletts aber auch besonders saftig und aromatisch.

Zubereitung:

1. Für den Krautsalat das Weißkraut halbieren, vierteln und den Strunk herausschneiden. Anschließend in gleichmäßige Scheiben schneiden. Waschen und in reichlich kochendem Salzwasser, mit der Gemüsebrühe, bissfest blanchieren. In ein Sieb abgießen und abkühlen lassen.

2. Mit Salz, Pfeffer und Essig nach Geschmack würzen, gut durchmischen und etwas stehen lassen. Zum Schluss je nach Geschmack das Öl untermischen. Der Salat sollte einige Stunden durchziehen.

3. Die Koteletts mit Salz, Pfeffer und Paprika würzen. Die Eier in einem tiefen Teller miteinander verquirlen, in zwei weitere Teller Mehl und Paniermehl geben. Die Koteletts in Mehl wenden, etwas abklopfen, durch das geschlagene Ei ziehen und danach in Paniermehl wenden. Das Butterschmalz in einer Pfanne erhitzen und die Koteletts bei mittlerer Hitze auf jeder Seite 6–7 Minuten braten.

4. Das Fleisch mit dem Weißkrautsalat auf einem Teller anrichten und servieren.

Tipp: Die Koteletts auf jeder Seite kräftig anbraten. Nicht so oft wenden, sonst zieht die jeweils wieder erkaltete Seite Fett auf.

Zutaten *für 4 Personen:*

Für die Koteletts:
4 Stielkoteletts vom Schwein
2 Eier
etwas Mehl
etwas Paniermehl
2–3 EL Butterschmalz
Paprikapulver
Salz, Pfeffer

Für den Krautsalat:
1 kleiner Kopf Weißkraut
1 EL Instant-Gemüsebrühe
Essig
Pflanzenöl
Salz, Pfeffer

Zutaten *für 4 Personen:*

Für den Teig:
375 g Mehl
90 g Zucker
80 g zimmerwarme Butter
200 ml Milch
1 Päckchen Trockenhefe

Für die Füllung:
250 g gemahlene Haselnüsse
100 g gehackte Walnüsse
100 g Zucker
1 Ei
200 ml süße Sahne
Zimt

Nussschnegge

„Nussschnecken"

Diesen süßen Nussschnecken mit Hefeteig und einer saftigen Füllung kann wohl kaum einer widerstehen! Alleine der Duft beim Backen ist einfach himmlisch!

Zubereitung:

1. Den Backofen auf 175 °C (Umluft 155 °C) vorheizen.

2. Alle Zutaten zu einem Hefeteig verkneten und 1 Stunde ruhen lassen, bis sich das Teigvolumen verdoppelt hat.

3. Für die Füllung die Nüsse in einer Pfanne ohne Fett anrösten und in eine Schüssel geben. Kurz abkühlen lassen, dann den Zucker, das Ei, die Sahne und etwas Zimt dazugeben und gut vermischen.

4. Den Hefeteig zu einer großen Platte ausrollen. Die Nussmischung gleichmäßig darauf verteilen und die Platte zu einer großen Rolle aufrollen. Mit einem Messer etwa 1 cm dicke Scheiben schneiden.

5. Die Scheiben auf ein mit Backpapier belegtes Backblech legen, dabei etwas Abstand zwischen den Scheiben lassen. Die Schnecken im vorgeheizten Backofen ca. 25 Minuten goldgelb backen.

Tipp: Besonders gut schmecken die Nussschnecken, wenn Sie sie vor dem Servieren mit etwas Puderzucker bestreuen oder einen Zuckerguss darübergeben.

Zutaten *für 4 Personen:*

Für den Kirschenmichel:
6 altbackene Brötchen
oder 12 Weißbrotscheiben
3 Eier
300 ml Milch
3 EL Zucker
1 Prise Salz
1 EL Zimt
700 g entsteinte Sauerkirschen
(frisch oder aus dem Glas)
3 EL gehackte Mandeln
1 Päckchen Vanillezucker

Für die Vanillesoße:
3 Eigelbe
2 EL Zucker
2 EL Vanillezucker
1 EL Speisestärke
1 Vanilleschote
350 ml Milch

Außerdem:
Butter für die Form
Semmelbrösel zum Ausstreuen
Puderzucker zum Bestäuben

Kerschemischel
mit Wanillesoß

„Kirschenmichel mit Vanillesoße"

Dieser süße Auflauf ist herrlich saftig und fruchtig! Für einen knackigen Biss können Sie noch ein paar Mandelstifte unter die Masse des Kirschenmichels mischen.

Zubereitung:

1. Die Brötchen bzw. das Weißbrot in grobe Stücke oder Scheiben schneiden und die Eier trennen.

2. Die Milch mit den Eigelben, dem Zucker, dem Salz und dem Zimt verrühren. Die Eiermilch leicht erwärmen und die Brotstücke darin aufweichen lassen. Die Kirschen mit den abgekühlten Brötchen und den Mandeln vermischen.

3. Die Eiweiße steif schlagen und den Vanillezucker einrieseln lassen. Den Eischnee vorsichtig unter die Brötchenmasse heben.

4. Den Backofen auf 180 °C (Umluft 160 °C) vorheizen. Eine Auflaufform mit Butter ausfetten und mit Semmelbröseln ausstreuen. Die Masse in die Form geben und Butterflöckchen darauf verteilen. Im vorgeheizten Backofen ca. 45 Minuten backen.

5. Für die Vanillesoße in einem Topf die Eigelbe mit dem Zucker, dem Vanillezucker, der Speisestärke und dem Mark der ausgekratzten Vanilleschote verrühren. Die Milch dazugeben und alles bei schwacher Hitze so lange rühren, bis die Soße andickt. Die Soße darf nicht kochen!

6. Den Kirschenmichel mit Puderzucker bestäuben und noch warm servieren. Dazu die Vanillesoße reichen.

Zutaten *für 1 runde Springform (Durchmesser 28 cm):*

Für den Teig:
125 g weiche Butter oder Margarine
125 g Zucker
1 Päckchen Vanillezucker
1 Ei
250 g Mehl
½ Päckchen Backpulver

Für den Belag:
1,5 kg Äpfel
2 Päckchen Puddingpulver Vanille
¾ l Apfelwein
220 g Zucker
1 Päckchen Vanillezucker
400 ml süße Sahne
1 Päckchen Sahnesteif

Außerdem:
Fett für die Form
Zimt und Zucker zum Bestreuen

Ebbelwoitort

„Apfelweintorte“

Die Hauptzutat der Apfelweintorte ist der im Odenwald beliebte „Ebbelwoi“. Die Torte können Sie wunderbar schon am Vortag backen. So kann er in Ruhe auskühlen und er zieht schon durch. Die Sahne können Sie einen Tag später auf den Kuchen geben.

Zubereitung:

1. Die Butter mit dem Zucker und dem Vanillezucker schaumig rühren und das Ei dazugeben. Das Mehl mit dem Backpulver vermischen und nach und nach unter die Masse rühren. Den Teig ca. 1 Stunde im Kühlschrank ruhen lassen.

2. Die Äpfel schälen und das Kerngehäuse entfernen, dann in kleine Stücke schneiden.

3. Den Backofen auf 180 °C (Umluft 160 °C) vorheizen. Den Teig in eine ausgefettete Springform füllen und einen kleinen Rand formen.

4. Das Puddingpulver mit einigen Löffeln Apfelwein anrühren. Den restlichen Apfelwein mit dem Zucker und dem Vanillezucker zum Kochen bringen. Das angerührte Puddingpulver unterrühren und die Apfelstücke dazugeben.

5. Die Masse in die Springform füllen und im vorgeheizten Backofen ca. 1 Stunde backen, dann im ausgeschalteten Backofen noch etwas ruhen lassen.

6. Die Sahne mit dem Sahnesteif steif schlagen, auf dem abgekühlten Kuchen gleichmäßig verteilen und mit Zucker und Zimt bestreuen.

Kadeiserkläiß

„Kartäuserklöße“

Das Gericht wurde früher als typisches Arme-Leute-Essen bezeichnet. Bekannt wurde es in hessischen Klöstern als fleischloses Gericht in der Fastenzeit. Auch heute noch ist das Gericht dank der schnellen Zubereitung beliebt. Es ist ideal zur Resteverwertung, denn die Zutaten hat man eigentlich immer zu Hause!

Zubereitung:

1. Von den Brötchen die Kruste rundherum abreiben. Die abgeriebene Kruste wird als Paniermehl in einer kleinen Schüssel aufgehoben.

2. Die Milch in eine große Schüssel geben, in der 10 Brötchen Platz haben. Die Eier nach und nach mit einem Handrührgerät in die Milch einrühren. Den Zucker und das Vanille-Aroma zugeben und rühren, bis der Zucker sich aufgelöst hat.

3. Die abgeriebenen Brötchen in die Eiermilch legen, bis sie völlig durchgeweicht sind. Wenn es schnell gehen soll, ab und zu umwenden.

4. Die Margarine in einer Pfanne schmelzen. Die Brötchen einzeln aus der Milch nehmen und mit beiden Händen vorsichtig ausdrücken. Beide Seiten mit der abgeriebenen Kruste panieren, wieder leicht flach drücken und sofort ins heiße Fett legen.

5. Von beiden Seiten knusprig anbraten und kurz in der Pfanne durchziehen lassen, damit sie durch und durch heiß sind. Zucker und Zimt vermischen und die Kartäuserklöße noch heiß damit bestreuen und sofort servieren.

Tipp: Die abgeriebenen Brötchen über Nacht in der Milch einweichen. Am besten die Brötchen mit einem Teller beschweren, damit sie oben nicht austrocknen. Zu den Kartäuserklößen schmeckt Apfelmus hervorragend.

Zutaten *für 4 Personen:*

10 altbackene Brötchen
1½ l Milch
8 Eier
6 EL Zucker
3–4 Tropfen Vanille-Backaroma
50 g Margarine

Zucker
Zimt

Riwwelkuche & Zimtkuche

„Streuselkuchen und Zimtkuchen"

Der wohl am meisten gebackene Blechkuchen im Odenwald ist der „Riwwelkuche". Er ist im Gegensatz zu frischem Obstkuchen an keine Jahreszeit gebunden. Bei kleinen Familienfeiern wurde früher auf einem großen Backblech je zur Hälfte Riwwel- und Zimtkuchen gebacken.

Zutaten *für 1 Backblech:*

Für den Teig:
250 ml Buttermilch
500 g Mehl
1 Würfel Frischhefe oder
 1 Päckchen Trockenhefe
80 g Zucker
80 g weiche Butter oder Margarine
1 Päckchen Vanillezucker
1 Prise Salz

Für die Streusel:
175 g Mehl
¼ Päckchen Backpulver
120 g Butter
120 g Zucker
etwas Vanille- oder Zitronenaroma
1 TL Zimt
1 Prise Salz

Für den Zimtbelag:
75 g weiche Butter
75 g Zucker
20 g Mehl
½ EL Zimt

Außerdem:
Puderzucker zum Bestäuben

Zubereitung:

1. Die Buttermilch leicht erwärmen. Das Mehl in eine Schüssel sieben und in die Mitte eine Mulde drücken. Die Hefe hineinbröckeln und mit 1 Teelöffel Zucker, der Hälfte der Milch und etwas Mehl zu einem Vorteig verrühren. Abgedeckt ca. 20 Minuten an einem warmen Ort gehen lassen.

2. Für die Streusel das Mehl und das Backpulver in eine Schüssel sieben, die Butter in Flöckchen dazugeben und die restlichen Zutaten hinzufügen. Alles rasch mit den Händen zu Streuseln verarbeiten.

3. Für den Zimtbelag die Butter, den Zucker, das Mehl und den Zimt zu einer streichfähigen Paste verarbeiten.

4. Den Vorteig mit den restlichen Teigzutaten vermischen und mit den Knethaken des Handrührgerätes zu einem geschmeidigen Teig verarbeiten. Den Teig weitere 20 Minuten gehen lassen. Den Backofen auf 200 °C (Umluft 180 °C) vorheizen.

5. Den Hefeteig aus der Schüssel nehmen und auf einer bemehlten Arbeitsfläche mit einem Nudelholz in der Größe des Backblechs ausrollen. Das Backblech mit Backpapier auslegen. Den Teig darauflegen und die Ränder leicht hochdrücken. Den Teig abdecken und weitere 5 Minuten gehen lassen.

6. Die Streusel auf der Hälfte des Teigs und die Zimtpaste auf der anderen Hälfte verteilen und ca. 35 Minuten auf der mittleren Schiebeleiste backen. Nach dem Abkühlen mit Puderzucker bestäuben.

Lattwerje

„Pflaumenmus"

Latwerge ist ein fruchtiger Brotaufstrich, den man wunderbar auf Brot, Brötchen oder Toast genießen kann. Früher wurde im Odenwald Latwerge jeden Sommer gekocht und dann in Steingutkrügen gelagert.

Zutaten *für 10–12 Gläser, je nach Größe:*

5 kg Zwetschgen
1 kg Zucker
2 Sternanis
1 Zimtstange

Zubereitung:

1. Die Zwetschgen waschen, entsteinen und vierteln. Zusammen mit dem Zucker, dem Sternanis und der Zimtstange in einen großen Topf geben. Zugedeckt über Nacht stehen lassen.

2. Wenn die Zwetschgen so viel Saft gezogen haben, dass sie oben schwimmen, den Topf auf den Herd stellen und langsam zum Kochen bringen. Auf keinen Fall umrühren!

3. Die Zwetschgen auf die Hälfte einkochen lassen. Das kann bis zu 5 Stunden dauern. Die letzte halbe Stunde während des Kochens gut durchrühren, bis ein festes Mus entstanden ist.

4. Die Zimtstange und den Sternanis entfernen. Das Mus noch heiß in sterilisierte Gläser füllen. Die Gläser fest verschließen und abkühlen lassen.

Quedscheknödel

„Zwetschgenknödel"

Zwetschgenknödel sind eine leckere Nachspeise, welche die Süße der Zwetschge mit dem Herzhaften der Kartoffel verbindet. Ein unwiderstehlicher Genuss!

Zutaten *für 4 Personen:*

1 kg mehligkochende Kartoffeln
250 g Mehl
2 Eigelb
180 g weiche Butter
1 Prise Salz
12 Zwetschgen
12 Stück Würfelzucker
100 g Semmelbrösel
1 TL Zimt
1 EL Zucker

Zubereitung:

1. Die Kartoffeln mit Schale kochen und abkühlen lassen. Pellen, durch die Kartoffelpresse drücken und mit dem Mehl, den Eigelben, 150 g Butter und dem Salz zu einem Teig verkneten. Diesen in 12 Portionen teilen.

2. Die Zwetschgen waschen, trocken reiben, entsteinen und je einen Würfel Zucker hineinstecken. Jede Zwetschge mit Teig umhüllen und zu Kugeln rollen. Die Knödel in siedendem Wasser ca. 12 Minuten ziehen lassen.

3. Die restliche Butter erhitzen und mit den Bröseln, dem Zimt und dem Zucker vermischen. Die Knödel aus dem Wasser holen, abtropfen lassen und in den Bröseln wälzen.

Ebbelbrei-Bleschkuche

„Apfelmus-Blechkuchen“

Mit frisch gekochtem Apfelmus, vielleicht sogar mit Äpfeln aus dem eigenen Garten, schmeckt dieser Kuchen natürlich besonders gut. Wenn es einmal schnell gehen muss, können Sie auch auf Apfelmus im Glas zurückgreifen. Achten Sie dann aber auf gute Qualität!

Zubereitung:

1. Die Milch leicht erwärmen. Das Mehl in eine Schüssel sieben und in die Mitte eine Mulde drücken. Die Hefe hineinbröckeln und mit 1 Teelöffel Zucker und der Hälfte der Milch zu einem Vorteig verrühren. Mit einem Tuch abgedeckt ca. 10 Minuten an einem warmen Ort gehen lassen.

2. Wenn der Vorteig Blasen wirft, die restlichen Teigzutaten hinzufügen und alles mit den Knethaken des Handrührgerätes zu einem geschmeidigen Teig verkneten. Den Teig mit etwas Mehl bestreuen und abgedeckt in einer Schüssel ca. 30 Minuten gehen lassen.

3. Den Hefeteig auf einer bemehlten Arbeitsfläche mit einem Nudelholz etwa in der Größe des Backblechs ausrollen. Das Backblech mit Butter einfetten oder mit Backpapier auslegen und den Teig darauflegen. Den Teig mehrmals mit einer Gabel einstechen. Die Ränder leicht hochdrücken und den Teig abgedeckt nochmals 5 Minuten gehen lassen. Den Backofen auf 180 °C (Umluft 160 °C) vorheizen.

4. Den Hefeteigboden ca. 30 Minuten auf der mittleren Schiebeleiste backen, dann aus dem Ofen nehmen und abkühlen lassen.

5. Die Äpfel schälen, entkernen und vierteln. Mit 150 ml Wasser in einem Topf ca. 15 Minuten kochen lassen. Den Zucker hinzufügen und alles mit einem Pürierstab zu Mus verarbeiten. Je nach Apfelsorte und Geschmack die Zuckermenge erhöhen oder verringern.

6. Wenn das Apfelmus etwas abgekühlt ist, nach Belieben die Rosinen unterrühren und das Apfelmus auf dem gebackenen Hefeteigboden verteilen.

7. Die Sahne steif schlagen und mithilfe einer Spritztülle in kleinen Tupfern auf dem Kuchen verteilen.

Zutaten *für 1 Backblech:*

Für den Teig:
250 ml Milch
500 g Mehl
1 Würfel Frischhefe oder
1 Päckchen Trockenhefe
80 g Zucker
80 g weiche Butter oder
Margarine
1 Päckchen Vanillezucker
1 Prise Salz

Für den Belag:
3 kg Äpfel
100 g Zucker

Außerdem:
100 g Rosinen nach Belieben
400 ml süße Sahne

Zutaten *für 4 Personen:*

200 g Weizenmehl	Zucker
3 Eier	Rum
200 ml Milch	Salz
6 große Äpfel	Pflanzenfett zum Ausbacken

Ebbelpannkuche

„Apfelpfannkuchen"

Apfelpfannkuchen schmecken am besten, wenn Sie sie noch warm servieren. Sie schmecken besonders gut mit einer Kugel Vanilleeis, einem Klecks Sahne oder einer Prise Zimt.

Zubereitung:

1. Das Mehl in eine Schüssel sieben. Die Eier nach und nach mit der Milch in das Mehl einrühren, bis ein dickflüssiger Teig entstanden ist. Eine Prise Salz dazugeben.

2. Die Äpfel waschen und schälen. Mit einem Apfelausstecher das Kerngehäuse ausstechen und die Äpfel in ca. 8 mm dicke Ringe schneiden. Die Ringe mit etwas Zucker bestreuen und mit Rum beträufeln. Etwa 10 Minuten durchziehen lassen.

3. In einer hohen Pfanne so viel Pflanzenfett erhitzen, dass die Apfelpfannkuchen schwimmend ausgebacken werden können.

4. Die Apfelringe in den Teig tauchen und nach und nach in dem heißen Fett goldbraun ausbacken. Die fertigen Pfannkuchen kurz auf Küchenkrepp und dann, bis zum Servieren, auf einen vorgewärmten Teller legen.

Tipp: Wenn kein Apfelausstecher zur Verfügung steht, kann man auch die geschälten Äpfel in Scheiben schneiden, die Scheiben auf ein Brett legen und das Kerngehäuse mit einem spitzen Messer herausschneiden.

Zutaten *für 1 runde Springform (Durchmesser 26 cm):*

Für den Teig:
- 200 g Mehl
- 1 TL Backpulver
- 1 Prise Salz
- 1 Ei
- 100 g Zucker
- 100 g kalte Butter oder Margarine

Für die Füllung:
- 4 Eier
- 1 Prise Salz
- 750 g Magerquark
- 200 g süße Sahne
- 150 g Zucker
- abgeriebene Schale von 1 unbehandelten Zitrone
- 4 EL Speisestärke

Keeskuche

„Käsekuchen“

Der Odenwälder Käsekuchen zeichnet sich durch seine saftige, cremige Füllung und seinen mürben Boden aus. Wer mag, kann ihn vor dem Servieren mit etwas Puderzucker bestäuben.

Zubereitung:

1. Für den Teig das Mehl, das Backpulver und das Salz in eine Schüssel geben. Das Ei, den Zucker und die kalte Butter in Stückchen daraufgeben. Alles verkneten und den Teig mindestens 30 Minuten kalt stellen. Den Backofen auf 180 °C (Umluft 160 °C) vorheizen.

2. Den Teig auf einer bemehlten Arbeitsfläche ausrollen, in eine eingefettete Springform legen und einen ca. 3 cm hohen Rand formen.

3. Für die Füllung die Eier trennen. Die Eiweiße mit dem Salz steif schlagen. Die Eigelbe mit dem Quark, der Sahne und dem Zucker verrühren, die Zitronenschale und die Speisestärke unterrühren. Den Eischnee unterheben.

4. Die Quarkmasse auf den Teigboden geben und ca. 60 Minuten backen. Ca. 10 Minuten abkühlen lassen. Den Käsekuchen mit einem Messer vorsichtig vom Rand lösen und den Formring entfernen.

Dreischbitz
mit Lattwerje

„Dreispitz mit Pflaumenmus"

Der Name Dreispitz stammt vom gleichnamigen Hut der Odenwälder Tracht, der die gleiche Form hat. Die Plätzchen sind besonders für Leute geeignet, die es nicht ganz so süß mögen.

Zutaten:

200 g gekochte mehligkochende Kartoffeln vom Vortag
1 Ei
80 g Butter
250 g Mehl
80 g Zucker
1 Päckchen Vanillezucker
1 TL Backpulver
1 Prise Salz
1 Eigelb
2 EL Milch
300 g Pflaumenmus (Rezept S. 70)

Außerdem:
Hagelzucker zum Bestreuen

Zubereitung:

1. Die Kartoffeln vom Vortag pellen und durch die Kartoffelpresse drücken. Mit dem Ei, der Butter, dem Mehl, dem Zucker, dem Vanillezucker, dem Backpulver und dem Salz zu einem Teig verkneten. Den Teig zu einer Kugel formen, in Frischhaltefolie wickeln und 30 Minuten im Kühlschrank ruhen lassen.

2. Den Backofen auf 180 °C (Umluft 160 °C) vorheizen.

3. Den Teig erneut kneten und in 4 Portionen teilen. Jede Portion auf einer bemehlten Arbeitsfläche mit dem Nudelholz ca. 3 mm dick ausrollen und mit einer runden Ausstechform ca. 6 cm große Kreise ausstechen.

4. Die Teigkreise mit etwas Abstand auf ein mit Backpapier ausgelegtes Blech legen. Das Eigelb mit der Milch verquirlen und die Teigkreise dünn damit bepinseln. Je einen Klecks Pflaumenmus in die Mitte geben, die Kreise an jeweils drei Seiten hochklappen und zu einem Dreispitz zusammendrücken.

5. Die Plätzchen im vorgeheizten Backofen ca. 20 Minuten backen. Direkt nach dem Backen nach Belieben mit Hagelzucker bestreuen und zum Abkühlen auf ein Kuchengitter setzen.

Register

Genehmigte Lizenzausgabe
EDITION XXL GmbH
Industriestraße 19
64407 Fränkisch-Crumbach 2023
www.edition-xxl.de

Idee und Projektleitung: Sonja Sammüller
Layout, Satz und Umschlaggestaltung:
design cat GmbH

ISBN 978-3-89736-880-4

Druck und Bindung in der EU
POLYGRAF PRINT spol. s r. o.
Čapajevova 44
08001 Prešov, Slowakei
www.polygrafprint.sk

Bildnachweis
Shutterstock: 55Ohms 2–3; A Stock Studio 17; Africa Studio 30; Agnes Kantaruk 74; AlenKadr 43; AmyLv 42–43; Angelika Heine 35; Anton Starikov 22, 42; AS Foodstudio 16; baibaz 54; Bowonpat Sakaew 52; Bozena Fulawka 36–37; Cmspic 64–65; D_M 44–45; DarkBird 9, 11–13, 15–16, 18, 20, 22–23, 25–26, 29, 31, 33–35, 37–38, 41–42, 45, 47–48, 50, 53–54, 56, 59–60, 62, 64, 67–68, 70–71, 73–74, 76, 79; Ermak Oksana 31, 73; GETS-ARA 13; gresei 26; hlphoto 48, 54; Irina Meliukh 31; Jiri Hera 19, 55, 70; juefraphoto 33; Karl Allgaeuer 12; Kirill Aleksandrovich 76; koosen 13; Lyutikov 713 78; MaraZe 14, 26–27, 32, 39, 62; MichaelJayBerlin 57; Miguel Tamayo Fotografia 8; Moving Moment 35; Nataly Studio 40, 46–47; Nattika 20; nesavinov 13; NeydtStock 18; NIKCOA 74; Olga Danylenko 17; Phovoir 38; Pisut chounyoo 49; Pixachi 71; Pixel-Shot 28, 32, 59, 67; Richman21 2–79; Robyn Mackenzie 50; Rtstudio 15; Rutina 23; Rutina 69; Sentelia 34; Shaiith 70; stockcreations 41; Tanya Sid 60; tanya_morozz 70–71; Tatyana Vyc 77; Tim UR 24; Volosina 52; wk1003mike 2–79; xpixel 10–11; ydumortier 56; Yulia Furman 79; zoryanchik 53

Alle weiteren Fotos: design cat GmbH